寶座來的賞賜

Treasures from the Throne of God

耶利米牧師
Dr. Jerry Kirchner

寶座來的賞賜

所有經文引自中文和合本聖經，若有不同出處會加以註明。

麥都葛出版服事隸屬於麥都葛基金會，該基金會位於馬利蘭州，為一非營利機構，致力於傳揚主耶穌基督的福音，期許在最短的時間內將福音傳給最多的人。

出版：

麥都葛出版公司（McDougal Publishing）

P.O. Box 3595

Hagerstown, MD 21742-3595

ISBN：1-884369-63-4

美國付梓，全球發行

獻　詞

我今得此莫大的榮幸，能將本書獻給我的恩師——威廉‧沃爾德博士（Dr. William A. Ward）。沃爾德博士是位倍受推崇的作家及聖經教師，也是國際佈道家，他的服事遍及全球八十幾個國家。他與葛里翰牧師（Billy Graham）同時期進入惠頓學院(Wheaton College)就讀，並且獲得三個博士後研究的學位，由不同學校頒發，其中包括德州大學(University of Texas)。沃爾德博士的學術研究絲毫沒有影響他的傳道服事，他講道的風格明白易懂又充滿挑戰，六十多年的服事中不斷地激勵著眾多的學生，他也鼓舞了無數的傳道人為　神做更多、更大的事。他所創辦的雜誌《珍寶》（*Treasures*）曾出版多年，其中詳細羅列了他事奉的生涯，並且將一切榮耀歸與　神。

因他的領導與鼓勵，我滿心歡喜在此獻上個人無盡的感恩，給這位住在維吉尼亞州利其蒙市的威廉‧沃爾德博士。

耶利米牧師的其他著作：全部已有中文翻譯

智慧（1997）

一絲希望（1996）

學習　神的道（1994）

使被欺壓的得自由（1993）

在我身邊有一地方（1990）

主的呼召（1988）

目　錄

麥都葛代序

要提說某某人受到所有的人喜愛，這種機會並不多見，然而我卻發現耶利米牧師夫婦正是如此的人物。無論他們身處於世界的哪一角落（而他們也一再地旅行於各國），他們都受到喜愛和敬重，他們並非華而不實的人物，也從不裝模作樣擺架子，或許這正是他們深具魅力的秘訣。他們是真實謙卑的人，十足地像基督。

有一些人雖然放下今世的許多所有來服事主，卻不容許我們遺忘此事；然而耶利米牧師和妻子吉妮並非如此。他們的字彙中沒有「犧牲」一詞，他們所做的事都是高高興興做的，沒有悔恨，倘若重來，他們也很樂意再度如此，事實上，他們天天如此—很多與他們同年齡的人士老早選擇退休了。

多年來，耶利米夫婦和我一直是歷久彌堅的好友及同工，我得以協助耶利米牧師將眾多著作付印出版，算是我們深厚淵源的額外收穫，我為此深深感恩。所有因他單純的智慧而蒙受祝福的人，也必然會喜愛他的這本新書：《寶座來的賞賜》。

前言

年齡真的具有什麼特殊意義嗎？我想，如果你曾好好栽種，年老就是該收割的時候了。在美國，年長者可望開始收到社會保險單位按月寄來的津貼支票，他們在餐廳也享有特殊權利（像是免費汽水和咖啡，有時還有特價折扣），大部份銀行會提供免費支票帳戶，搭乘飛機、火車或公車也有減價優惠。但是年齡增長的最大優勢，卻是智慧的累積。居住賓州的荷裔族群（我是生在蘭卡斯特郡）有句俗話這麼說：「年紀大，多少會學到東西。」確實有種智慧是從生活的經驗中獲得的，我們自生活的試煉中會學到許多事，是書本上教不來的，我們的長者有長久累積的智慧，應該與大家分享。

在美國，年長的公民常常受到隔離，不與社會上的其他人共處—他們屬於退休社區、輔助生活設施和長青俱樂部。這是一大悲劇，這種安排剝奪了年輕人和老年人的權益。

在亞洲社會中，好幾代會生活於同一個屋簷下，對我們美國人而言，這聽起來不像是個很舒適的安排，但亞洲人似乎不介意，他們的年輕人也不想另作規劃，因為不願意失去眾多的好處，這些好處正來自第一手接觸到家中長輩們的智慧。一般而言，亞洲人對長輩非常敬重，而且也教導他們的子女要尊敬長輩。

在這方面，我們都有許多當學習。我和我的妻子一直都很希望，在之前的成長過程中能多多向長輩請益，也就是我們的父母和祖父母還在身邊的時候。比如說，我們竟然不知道我母親的一些絕佳的料理食譜—她的滷肉塊、或是棗核麵包、或是特製聖誕餅乾、或是荷蘭風味沙拉—這令人匪夷所思，卻是實情。現在她不在人世了，她所知道而我們毫無所悉的事也就永遠喪失了，多麼可惜！

年齡增長能夠使我們以不同的觀點來看待事情，它使我們的眼光得以超越短暫的事物，而瞭解到生命中真正重要的事。知道我們正逐漸變老，這使得我們有動機停下來聞聞玫瑰花香，這是之前的生活中我們常忙過頭而忘了要享受一下的。我們發現年老是一段美好的時光，可以好好感謝　神賞賜我們的一切屬靈寶藏，也感謝祂賞賜我們家人、朋友等今世的珍寶。

我無意暗指年齡就代表一切。有了年歲增長而得的智慧，我們確實可以用好幾種不同的觀點來看待人生，但　神卻能加給我們另外一種觀點，就是那超越自然的看法，祂使我們能夠對周遭世界所發生的事，有更廣闊的了解。

在有名的「羅夏克測驗」中（譯註：Rorschach Test 是二十世紀初一位瑞士心理醫師設計出來的測驗，藉由看圖像說故事來分析受試人的心理狀態)，訪問者說出一個字，受訪者必須說出他心裡想到的第一件事物，也就是他對於該特定主題所存有的第一印象。然而主的啟示無論關乎什麼主題，都遠超越我們的第一印象和表層的思想，祂的啟示能指教我們那些錯過的事情、那些不明顯的事情、以及那些隱藏的事情。

我們年長者雖然身體的活動力大不如前，但魂與靈卻未曾休止，我們仍不斷地從　神領受新的啟示。這個用詞似乎會嚇到一些人，也有人覺得，說我們從神得到「啟示」是一種偽裝虔誠的說法。但事實上，啟示也就是　神指教我們的一些事，祂常常用各樣的方式指教我們，特別是經由日常生活中再簡單不過的事。

當我坐下來寫這本書的時候，有許多不同的主題湧現心裡，事實上，實在太多主題了，以至於彼此之間彷彿沒有關聯。浮現心底的篇章有些相當短，還有一些則長多了，但這些篇章的共通之處在於：它們都來自這些年間主所託付於我的實際智慧。

讀者們很可能會發現有一些篇章太過簡單了，有些人或許會說:「屬靈的事不可能那麼簡單。」但是主耶穌卻用極其簡單的方法教導人，當祂對百姓說話時，祂會用身邊這些人所能理解的用語。對漁夫，祂說到修補魚網、或聚集魚群、或海上的風暴，人們理解祂所說的，因為這些用字遣詞完全相關於他們的日常生活。對農夫，祂提到不同的收成，還有稗子和各種土壤，祂對這些事情的知識緊抓住聽眾的注意力，然後他就可以用這些自然的事物來教導屬靈的功課，這些功課常常是極為簡單，卻又意旨深遠。

在生活的各種景況中都可以看見　神的手運行其中，藉著這些日常生活中遭遇的事情，我們可以明瞭祂的偉大、祂的慈愛以及祂所賜予的永遠救贖。當你展閱這本《寶座來的賞賜》，願你從其中蒙福。

耶利米牧師

維吉尼亞州愛須蘭市

第一篇

受教導認識主

第一章

受教於主的智慧

只等真理的聖靈來了，他要引導你們明白一切的真理。

約翰福音 *16:13*

有天傍晚，當我們正敬拜主的時候，祂對我說：「我要在家自行教育我的百姓。」我已經蒙主教誨多年，這個特別的想法卻從來沒有浮現過。

在家自行教育兒女的做法（home schooling）在美國非常普遍，特別是在基督徒當中，這有好些原因：(1)許多父母不滿意孩子在公立學校接受的教育品質。(2)因為我們的學校已經取消讀經和禱告，所以道德訓練的缺乏令人憂心。(3)很多父母對於世俗教導中強調環境的重要感到惶恐，因為同時，教材不再強調個人及家庭單位的重要性，有很多人會強調我們急需拯救鯨魚和斑點貓頭鷹，至於一個母親如何處置她腹中的胎兒，則被認定與他人無關。(4)公立學校有時也會扭曲其它的道德議題，例如教導學生「殊途生活方式」（譯註：泛指不合乎常理規範的生活方式，例如多夫、多妻制或自我殘傷等）。由於上述不等的原因，許多父母於是承當起在家自行教育兒女的挑戰。

我並沒有意思要擁護、或是譴責在家自行教育的做法，在我的家族中就有和氣卻相左的專業見解，我的女兒在公立學校任教多年，她十分肯定學校教育的優點，而另外一方面，我的媳婦曾在家自行教育一對雙胞胎女兒達五年之久，她確信在家自行教育大有好處。我們都有不同的觀點，每個家庭終需自己決定要遵循哪一種教育走向，無論是公立學校教育、私立學校教育、或是在家自行教育。總而言之，我們基督徒相信，教導孩童所當依循的道德價值，無論是言教或身教，是每個父母的職責。不過我得回到正題……

當我思索何謂在家自行教育時，主指教我的畫面漸漸清晰起來，祂要我每日坐在祂的腳前，研讀祂的話語，聽從祂的引導，如果我好好「上課」，熱切跟隨祂賜下的指教，我就能獲得某段特定經節的啟示，也就是那一刻主正引領我進入的經節。雖然聖經的話語都是主所默示的，對於基督徒的生命大有用處，但在某一天、或是我們遭遇的某一個景況當中，還是會有特定的經節尤具意義。聽從主的教導計畫，我們就能擁有所需要的訊息，來面對每一天的挑戰。

聖靈的角色是要引導我們「**明白一切的真理**」，我們能夠坐在主耶穌的腳前，由全智全知的　神來自行教育，這是何等榮幸！

第二章

選擇與　神禁閉內室

耶和華對挪亞說：你和你的全家都要進入方舟；因為在這世代中，我見你在我面前是義人。
挪亞就同他的妻和兒子兒婦都進入方舟，躲避洪水。

創世記 7:1,7

打了許多棍，便將他們下在監裡，囑咐禁卒嚴緊看守。
約在半夜，保羅和西拉禱告，唱詩讚美神，眾囚犯也側耳而聽。

使徒行傳 16:23,25

學校老師會問學生問題，來看看他們是否明白所教的內容，同樣地，主也常對我們這麼做。有一天我正在家中受教於主時，主向我提到禁閉一事，祂問我:「你知道禁閉的意思嗎？」

我的腦海中立刻浮現一個畫面，像是某個不良於行的人無法外出買東西，或是不能夠照料個人的基本需要；我又想到「車輪送餐」協會的工作，那是一個社會福利組織，有義工每天送熱騰騰的餐點到肢體障礙人士或獨居老人的家中，可想而知，那些受到此恩惠的人非常感激。

主對我說:「那樣的關係正是我希望你與我建立的。我要你完完全全依靠我，在一切事上信靠我。」祂接著解釋說，這並不是彷彿我們缺少技術和智慧來處理生活各種情境，而是祂的道路遠高過我們的道路，當我們凡事仰賴祂，就是把自己交託祂來看顧，祂會與我們分享祂的愛和智慧。

主也指教我,「禁閉」還有另一層意義。當我們與主一同禁閉於內室，就必須把任何性質的分心事物都關鎖於外，我們必須逐出想像力、負面的想法、懷疑的念頭、還有所有的憂慮恐懼，只要我們信靠主能夠解決所有的難題，我們就能辦得到。

當我們與主一同禁閉於內室時，我們的心思會集中在祂身上，祂成了我們渴求的中心，我們會盡一切辦法來親近祂，也會了解到祂正與我們親近。就這層面而言,「禁閉」隱含著一個奇妙的意義。我真高興能成為與主關禁閉的一位。

聆聽祂慈聲

雖然前路陰冷黑暗，
而你軀體疲憊不堪，
抬頭仰望救主，
祂的話語將你堅固。
我們齊聲表明：
「主啊，請說，僕人靜聽。」

來投靠我，緊握我的手，
所有難題我能解惑，
來投靠我，必使你自由，
所有未知了然我胸，
來投靠我。
我們齊聲表明：
「主啊，請說，僕人靜聽。」

--耶利米

第三章

世俗的智慧與屬天的智慧

你們中間若有缺少智慧的，應當求那厚賜與眾人、也不斥責人的　神，主就必賜給他。

雅各書 1:5

因為，耶和華賜人智慧；知識和聰明都由他口而出。

箴言 2:6

在成長過程中，父母總是鼓勵我們讀書以獲得知識，我十幾歲的時候，我的哥哥也一直鼓勵我到二手書店博覽群籍，並建立自己的藏書。

我們就讀的中學對於英國文學方面的要求很高，我自己雖然專攻升學課程（比較強調科學類），但是我對於文學也很有興趣。中學第三年時，學校要求我們每個月讀兩本經典名著，第四年時又增加到每個月三本，我們必須閱讀的書目並不輕鬆，有好幾本是《塊肉餘生記》的厚度（八百至九百頁），除了這樣定期的閱讀作業，學校也要求我們每週最少背誦十二行詩句，我就帶著這樣的文學興趣讀完了大學，一直到進入職場仍是如此。

我在三十出頭的年紀時，有人介紹我看一系列共五十六冊的書，叫做《西方世界的偉大著作》，書中的內容相當於大學四年的課程，事實上，馬利蘭州安那玻里斯市的聖約翰學院就頒發學士學位，給成功通過書本內容考試的人，對我而言，能夠依循該課程的功課進度進一步自修，真是太吸引人了。

花了一些時間從課程中學習之後，我遇上了一項作業，從此改變了我的人生，那項作業叫做「補充閱讀」，而推薦閱讀的內容則來自聖經，我很好奇，*如果歷代以來的重要典籍都涵蓋於這五十六冊當中了，為什麼還需要補充閱讀呢？*聖經這本書是我從來不覺得有必要閱讀的，我們的教會曾這麼教過：平信徒不必要讀聖經，因為我們缺乏正確詮釋內容的能力，如果任意嘗試，還可能陷入嚴重的謬誤當中。

我開始讀推薦的補充閱讀內容，而且發現我很喜歡，其中有偉大的智慧。從世俗的觀點，那些偉大著作是很「偉大」，但聖經的偉大卻來自超乎自然的觀點，我從來沒有真實深刻地尋求過　神，忽然之間，彷彿自後門登堂入室，我一直在尋索知識，卻不期然與所有知識的源頭面對面。

正如詩人湯普森（Francis Thompson）在他著名的

「天獵」（Hound of Heaven）一詩中所言：

祂尋索我，歷經黑夜與白晝
祂尋索我，錯綜迷途中穿梭

我很高興這天上來的狩獵也抓住了我，並且給了我永生，從閱讀那「最偉大的書」中，我找著了重生的經驗。雖然學海無涯，我們卻必須確定我們獲得的是屬天的智慧。

第四章

培養屬靈的感官

但願人因耶和華的慈愛和他向人所行的奇事都稱讚他。

詩篇 107:8,15,21,31

身為血肉之軀，我們依賴五種感官得來的經驗，然而，作為超乎自然血肉的百姓，我們這些由聖靈所生的人，卻必須學習依賴屬靈的感官，　神的意思是，我們當仔細審視並經歷那眼不能見的永恆事物。

現代科學家凝望月球和它的坑洞，尋找預估潮水起落的資訊，他們靠著高動力的望遠鏡、或是氣象衛星、或是「專家」的意見，來獲致合乎邏輯的結論。有的人則從算命師或心理輔導熱線來獲得訊息，還有的人旅行到遙遠的亞洲某處，好領受神秘教派或所謂一代宗師的開示，每個人都在尋找答案，或是人生困境的解決之道。我們這些活在　神的聖靈中的人是蒙福的，因為我們的眼光得以超越月亮星宿，也超越人類知識的累積，而得以直直望向天堂，我們不需要仰望某個人，卻可以仰望全人類的創造主，我們不需要信靠傳統的智慧，卻可以信靠有完全智慧的　神。

「但願人……都稱讚祂！」這是詩篇作者的呼聲，這呼聲至今仍是通往　神極大豐盛和知識的關鍵，這樣的豐盛和知識，正是祂賞賜我們每個人的屬靈的感官。

第五章

主如何教導我們

> 耶和華對該隱說：「你兄弟亞伯在那裡？」他說：「我不知道！我豈是看守我兄弟的嗎？」
>
> 創世記 4:9

有一天，我在家中受教於聖靈的時候，主要我為「社區守望」的觀念下定義，那就是「幾年前設計出來的保全安排，由上學期間待在家中的媽媽們負責，當孩童上學或放學的時候，每個媽媽就留意孩子們，在經過自家門前時，有無任何危及他們安全的事物」。主對我說，這正是祂期望祂的百姓做的事。

我們都被呼召加入了一個大型的、屬靈的社區守望小組，是　神建立起來抵擋那侵擾家庭和社區的屬靈攻擊的。現在正是阻止撒旦的時候，叫牠不能掠奪本屬於我們的事物，並且我們還要收復先前失去的疆界，我們正是看守我們兄弟的人。

以色列百姓指派守望者在眾人睡覺時來看守城池，免受敵軍的侵占，我們在家庭與教會的城牆上，也迫切需要這樣的守望者。　神已經給了我們權柄，得以固守我們在城牆上守望的位置，祂也預備我們，並裝備我們來驅逐一切邪惡的作為。很多時候，我們惟一缺乏的，就是採取行動的意願，現在是我們回歸正確位置，且作　神的工的時候了。

我個人相信，　神的兒女是策略性地被安置在全地的，我們身處目前的所在，都是有原因的，我們必須認清事實並留意　神的呼召。

有的人會撤退，覺得這任務糟透了，又難到極點，然而能蒙　神揀選來拆毀仇敵營壘，是十分榮幸的，如果我們必須靠自己的力量來面對魔鬼，那會很可怕，還好我們不需如此，我們是依賴主無可限量的大能，祂會供應一切所需，使我們能作好這件事。

我們的　神永不失敗，所以我們也永不會失敗，只要我們聽命於祂。今日就向主說你願意在祂面前等候服事、而且也願意為祂盡力吧。主所求的不過如此，你會很驚訝接下來即將發生的事，祂會將能力加入你的生命中，使你能為祂行大事，奉祂的名，你將為神的國度贏得許多靈魂。

接下來的篇章中，我將和你分享近期以來主向我說明的許多其他的事。

第二篇

當前最迫切的需要

第六章

需要發展真自由

你們必曉得真理，真理必叫你們得以自由。

約翰福音 *8:32*

歷代以來的基督徒具有各種動力來花時間讀聖經。閱讀和認識　神的道，能在我們裡面建立起對於聖靈的全新信任，也能增加我們的信心。在此處約翰卻指教我們，研讀聖經另有一個好處：自由。真理，而且是　神的真理，能夠釋放我們，使我們在生活的各個方面都得自由。

透過認識　神的旨意，會有極大的自由臨到我們，其中一項就是確實知道我們走對路了，那些倚恃自己的能力而活、隨從自己的智慧而行的人，常常會犯錯，結局也很悲哀，我們感官所透露的、或是想像力所說的，非常容易誤導我們，當我們想像中以為我們所做的事對自己及周遭的人都有好處時，結果常是很有限的，甚至會打擊自我，那些學會跟隨主的方向的人，早就發現祂的道路永遠是最好的，當我們選擇跟隨祂時，我們就找著何等奇妙的自由！

自由是每個生於這個世界的個體所渴望的，但只有和基督建立正確的關係，才能帶來我們追求的真自由，當我們開始認識基督，突然間，我們就從世俗的纏累中被釋放出來，不再受制於長期以來按照世界模式而活的壓力。我們基督徒的性格逐漸養成時，其他的自由也隨之而來。

屬靈的成長和隨之而來的自由，和我們身體的成長非常相近，一個新生嬰兒有幾個月、甚至好幾年的時期不能夠照料自己，所以只好完完全全依賴他人，來照料他的需要，小孩知道自己餓了，但是卻沒有辦法自行餵食，即使他看見食物就在他眼前的桌上，也不知道該如何把它送進他小小的身子，如果一個嬰孩覺得痛，他必須依賴別人來找出疼痛的根源並予以解除，他自己無能為力。

新生兒經歷了成長的階段，一段時間後所發生的轉折使我們大為驚奇。打一開始，我們就完全料到會有這麼一天，小孩不再是小孩，他不再完全依靠他人來滿足他的需要，而且他能照顧自己了。然而，秘訣就在「一段時間後」這個詞，成長需要時間，它是個漸進的過程，完全的自由不是一夜之間可以得著的。

一個學走路的孩子一次只能走一步，他會跌倒再爬起來，然後重來，他正往成熟的道路前進，為了達到自由，他得花時間才能達成。我們所有人要長成基督裡全然的真自由，也是如此，基督裡的新生兒也是相當無助，而且必須依賴他人，如果成熟的基督徒不能察覺這種依靠，並且沒有回應初信之人的需要，這些新生的基督徒很可能無法在世界的吸引、和仇敵的攻擊中存活，而那些事是必然出現的。很多初信之人，正像主耶穌所描述的那些落在石頭地上的種子，只要是一粒有生命的種子，它就必能發芽長大，但這些柔弱的植物若不能扎根於柔軟的泥土中，很快就會枯乾，被風吹去了，自由有時是脆弱的，如果它要留存，就必須被滋養、被保護。

對基督徒而言，亞伯拉罕代表著全然長成進入自由：

> 亞伯拉罕因著信，蒙召的時候就遵命出去，往將來要得為業的地方去；出去的時候，還不知往那裡去。
>
> 希伯來書 11:8

亞伯拉罕和撒拉本來穩妥地住在一個叫「迦勒底的吾珥」的地方，然而　神對他們說話，要他們離開這安適之地，去到一個全然陌生之處，有些人會大吃一驚，這對夫婦竟然遵行了，這證明了亞伯拉罕成熟的自由，他對　神發展出的信心，他知道跟隨主永遠是最佳選擇，他穩穩地信靠　神，深知道　神的心中為兒女存留的只有上好的美物，那就是真自由。

一個比較不成熟的人很可能會被報酬的想法驅動，就是他會得什麼「為業」，然而驅動著亞伯拉罕的是他對　神的愛和敬畏，真自由和完全長成，來自認識這位「我們生活、動作、存留，都在乎祂」的　神，如果我們學習正確連接於祂，祂就做我們力量的主，也是「為我們信心創始成終的」　神，我們的「全所有」，我們就能進入漸漸加深的自由當中。

沒有基督—沒有平安。

認識基督—享有平安。

第七章

需要操練我們的信心

操練身體，益處還少；惟獨敬虔，凡事都有益處，因有今生和來生的應許。

提摩太前書 4:8

時下的流行文化似乎不同意聖經的清楚教導。打開早晨的電視節目，緊接著新聞播報，你會看到什麼呢？廣受歡迎的節目播送著各方人士吹擂運動的好處，節目中我們可以看到俊美男女擁有完美比例的身材，他們正示範著如何藉由某種健身器材而獲致健美的體型，他們還邀請我們加入所示範的運動，就是這樣的運動使得他們如此活力充沛。那些千挑萬選出來示範的人看起來又活潑又強壯，我們很容易就決定也要像他們一樣。

健身俱樂部和塑身中心正如雨後春筍地出現在我們周遭，人們正花大筆大筆的錢加入這行列，他們所希望的，當然是看起來像我們在電視上所見到的模特兒，有的人順利達成，但絕大多數則理所當然地失敗了，沒有辦法獲得相同的結果。

在這整個現象當中，我學到一件事，沒有人能幫我成功，我必須自己動手，如果我不去做，事情就做不成，如果我告訴我的妻子我決定要運動健身，但同時又說我實在太忙，沒有辦法採取行動，這樣是一點好處都沒有的。我可能會問她:「你要不要到健身中心去幫我作些運動？」大家都會同意這是很愚蠢的想法，就算我的妻子真的去到健身中心，或許對她會有益吧，對我是完全沒有用處的。

這裡有個屬靈的功課，如果你要強壯的信心，必須自己操練，信心增長的明確方法之一，就是讀　神的話。保羅這麼寫著：

> 可見信道（信心）是從聽道來的，聽道是從基督的話來的。
>
> 羅馬書 10:17

我們越是花時間讀　神的話，信心就會越大，成為我們身量的一部分。但是，研讀話語也是需花工夫的：

> 你當竭力在神面前得蒙喜悅，作無愧的工人，按著正意分解真理的道。
>
> 提摩太後書 2:15

如果我們想要有強壯的肌肉，是沒有辦法輕易得著的，需要下工夫，需要竭力。研讀　神的話也需要竭力，但這是值得的，因為最終獲得的是恆久長存的益處。如果我們選擇這樣下工夫，我們就會在屬靈上強壯起來，也會有信心相信　神的應許必然在我們生活的各樣景況中成就。

第八章

需要使試探遠離家園

> 神啊，求你為我造清潔的心，使我裡面重新有正直的靈。
>
> 詩篇 51:10

有些人不認為我們今日所過的日子，會比歷史上的其他時期來得邪惡，但肯定的是，歷代以來，罪惡從沒有像今日這般地無孔不入。隨著有線電視及衛星電視的激增，有的家庭甚至能夠輕易獲得五百個以上的節目頻道，罪惡以前所未有的姿態，進入我們的家門。今日，上百萬的家庭都能連上網際網路，網路上卻充斥著色情的圖文。電視並沒有錯，個人電腦也沒有錯，網際網路更沒有錯，它們都可以用在有意義的目的上，但是，它們也可以用不健康的思想來毒害年輕人的心靈（或我們的心靈）。

以上所提的和未提及的新科技，已經成了我們日常生活的重要部份，大多數人很難想像沒有它們的生活，但身為基督徒，我們必須心生警惕，以防我們的後代子孫因著我們的鬆懈而遭毀滅。監督孩子們接觸現今娛樂的管道，是每個父母親的職責，我知道這並不容易，事實上，這已經成了一份全職的工作，色情網頁的供應者和有戀童癖好者遊走網路空間，試圖捕捉那些缺乏適當監督與引導的年輕人。

這些事使得我們更迫切需要在孩子幼小的時期，就灌輸聖經的原則在他們心中，好叫他們日後面對生命中的道德抉擇時能夠選擇敬虔。身為父母親，我們必須做孩子們的好榜樣，以智慧來選擇我們自己所看的東西，這會讓孩子知道，我們努力教導他們的原則，正是我們選擇依循的原則。

第九章

需要感恩

我們要來感謝他，用詩歌向他歡呼！

詩篇 *95:2*

我們旅行在世界各國時，到過許多教會，我們常聽見眾人齊聲唱著：「獻上感恩的心」，感恩真的是件美好的事。

在美國本土，感恩節是個非常特別而且重要的節日，傳統上，所有的家庭都會團聚在一起。然而，感恩卻非僅是月曆上的一個節日，它必須成為我們內心深處的態度。

當我思想起主耶穌基督的一切恩惠，和祂為我所行的一切，我知道我有太多需要感恩了。眼前這個階段，世界各處都有嚴重的經濟衰退，幾年之前似乎屹立不搖的經濟體（比如說日本），如今也遭遇重大轉變，許多亞洲國家，忽然間開始經歷到流通貨幣的疲弱，還有一些高階的銀行因為不智的放款措施，被迫關閉。

在這些隨之而來的動盪當中，我們不知道明天會如何，但我們卻可以處變不驚，因為知道誰掌管未來，也知道誰與我們攜手而行。有了這些確據，身為至高　神的兒女，我們可以向　神感恩，因祂保守我們在生命的風暴中平靜安穩。

如果我們學習仰望我們主的榮面，祂是風暴中掌權的主宰，祂能領我們安渡每個驚險的情境，我們就會發現自己已經「渡到那邊」：

> 耶穌隨即催門徒上船，先渡到那邊去，
> 等他叫眾人散開。
>
> 馬太福音 14:22

我們都有太多應該感謝。　神應許看顧我們的每一個需要，又救我們脫離許多我們身在其中卻不知的危險，何不讚美祂呢？感恩能觸摸到　神的心，而這樣會帶來我們生命中更大的祝福。我們必須學習感恩，不僅僅在感恩節，而是一年之中的每一天。

第十章

需要正確的密碼

因為我們兩下藉著他被一個聖靈所感，得以進到父面前。

以弗所書 2:18

我對電腦的知識仍然相當有限，(希望不久的將來能夠有所突破)，但有一點我是相當清楚：現代的電腦能夠儲存無數項目的大量資料，而這樣的資料是可以加密上鎖的，只有擁有正確密碼或通行金鑰的人才能獲得，也就是說，只有使用正確密碼，人們才能取得所需的資訊。

正如同密碼或通行金鑰使人得以取得儲存於電腦的資料，　神的話語也有通行碼，能夠提供我們生命中不斷尋覓的答案，這些通行碼可以在　神的條件中取得。

所有　神的應許都是帶有條件的，如果我們按著神話語所說，切實去行，我們就能得著聖經所應許的。比如說，聖經告訴我們：

你們若常在我裡面，我的話也常在你們

> **裡面，凡你們所願意的，祈求，就給你們成就。**
>
> **約翰福音** *15:7*

這是從　神而來大有能力的應許，但要享用其中美好的果子，就必須選擇常在基督裡面，並祂的話也常在我們裡面。

聖經上所說的「常在」是什麼意思呢？它的意思是「緊靠著；緊抓住；牢牢跟隨」。這畫面不難想像，如果我們的生命能緊靠著、緊抓住、牢牢跟隨主和祂的話，我們就必然能獲得祂所應許的。

這真理的另一個例子，可以在許多人身上看出，他們說撒旦不肯放過他們，而他們曉得聖經的應許：

> **故此你們要順服　神。務要抵擋魔鬼，魔鬼就必離開你們逃跑了。**
>
> **雅各書** *4:7*

更正確地說，是大部分基督徒曉得這應許的其中一部分，他們只記得後半的經節：「**務要抵擋魔鬼，魔鬼就必離開你們逃跑了**」，這是很棒的應許，但這應許是全然構築在經節前半的資格上：「**故此你們要順服　神**」，只是抵擋而沒有順服　神，不能帶來所期盼的勝利。

或許我們多人都是只抵擋而沒有順服，因為這樣做容易些，將自己全然順服於主的旨意中，是比較難辦到的，所以我們就跳過那個部分，結果就是我們不斷抵擋，但撒旦絲毫不理會我們的努力。

順服　神的旨意對主耶穌而言，也不是容易的事，當祂思及加略山上等著祂的刑罰，祂也大聲呼求，這一切似乎太難忍受了，然而最終之時，祂仍然為我們的緣故，樂意地順服了父的旨意，祂不願只想到自己，反而為我們設想。當日祂所做的禱告：「**不要照我的意思，只要照祢的意思**」，已成為我們每個人時時遭遇的挑戰，撒旦多希望主耶穌從未使用這把金鑰，但是感謝　神，祂的決定釋放了我們每一位。

在信徒的生命中，每個處境都有類似的金鑰，無論遭遇什麼問題或難處，在　神的話語中有超過六千處的回答，願我們懇切搜求這些答案，並且當我們發現使答案發生效用的金鑰時，願我們思想起主耶穌的榜樣，樂意順服我們　神的旨意。

第十一章

需要避免不知足

他用美物使你所願的得以知足，以致你如鷹返老還童。

詩篇 103:5

不知足是一種致命的態度，使人走在自怨自艾當中：

「還沒出狀況之前，一切都要好得多。」

「沒來這裡上班之前，我本來過得還不錯。」

「這室友沒住進來之前，我日子比較好過呢。」

「在另外那個教會時，我比較開心。」

「自從搬進來這個社區，就沒有一件事情順利的。」

染上這種病症的人會一直講下去，他們容許不知足鑽進心靈裡，它就開始生長，一旦扎根就很難去除。

當我們認識救主，就能明白祂是令我們心滿意足的福分，當我們瞻仰祂的榮面，生活中的處境就變得容易掌握，認識基督能夠改變每一個景況，　神的榮光會降臨在我們當時正面臨的事情中。

我們得自己選擇。我們可以選擇專注於仇敵進行的把戲（牠無處不在，硬要拉扯我們），或是選擇定睛在 神施行的作為上（祂永遠同在，隨時扶持我們）。專注於問題只會使得情況惡化，就像一個不斷被刺激的傷口，這樣的傷口不會好，除非我們放過它，讓自然癒合的過程得以進行。

當你決定將困難的處境交託在主的手中，你會大感驚訝，祂醫治的撫觸竟然迅速生效，祂知道如何逆轉最痛苦的情況，我們何等蒙福，得以認識那位能領我們走過任何處境、通往勝利的獨一 神！

在這方面，我的姐姐安妮對我們所有人而言一直是個很棒的例子，因為她拒絕被困境打倒。她四十歲喪夫，有四個孩子須扶養，然而她不肯任由這情況擊垮她的人生。

長久以來，生活對她並不公平，她四歲時就有風濕性心臟病，身體狀況很糟，到了唸高中的年紀時，她甚至得送到有電梯的寄宿學校就讀，因為她沒有力氣上下樓梯。

多年來她不斷需要動手術，而且所有的手術都很複雜，因為醫護人員發現她幾乎對所有藥物都過敏，她常開玩笑說，醫藥研究人員被她搞得忙壞了，因為得不停地開發新藥，才不會被她的過敏症迎頭趕上。

儘管有這些生活中的患難，安妮總是保有不屈不撓的精神，絕不放棄對 神的信心，她總是心情愉快，而這樣的信心也感染周遭的人，她很肯定生命的結論，定然是陽光照耀與蒙福。

最近的一個聖誕節期，我們正在亞洲，卻收到了兒子瑞蒙的一封電子郵件，說是安妮姑姑的車子被偷了，這事件在很多方面對她而言都是一大損失，其實車子是老舊的款式，但她負擔不起換車的費用。那輛車並不是僅用來買菜或到商場購物用的，安妮用它來服事，探訪行動不便的人士。多年來，她不斷地將盼望與歡樂帶給許多朋友與家人，特別是在他們需要鼓舞與協助的時候，這樣的服事對一個五十歲的人而言，會非常光榮，而安妮已經八十歲了，她沒有車要怎麼辦呢？

安妮丟了車的事，很快地傳開了，那些蒙受她多次恩惠的家人朋友們一起商量，最後買了一輛車給她，這輛車比她先前的那輛車更大更好，她很快地又開著這輛車，四處探訪行動不便的人了。

多日後，安妮接到巴爾的摩管區警方的電話，說她的車找到了。「我不要那輛車了，」她告訴警員，「我現在有一輛更好的。」她把失而復得的車捐給當地一所高中，讓學生可以拆解車體來研究汽車的機械。

像這樣的一位女士，有太多的事可稱說，她堅決不讓不滿足進到她的心裡，或她的家中。且讓我們仿效她英勇不屈的精神。

第十二章

需要避免堵塞

我遭遇災難的日子，他們來攻擊我；但耶和華是我的倚靠。

撒母耳記下 22:19

身為有醫學背景的人，我知道清除人體血液循環及消化道中的堵塞有多重要。最近　神就向我提到有關堵塞這件事。

當祂提到堵塞時，我眼前立即浮現一個畫面，是一個人因為腸道、膽管或尿道阻塞而痛苦的樣子，有狀況正在干擾人體正常功能。

人們所遭受最厲害的疼痛之一，就是膽囊發炎或腎結石，我可以理解，只要這種堵塞狀況持續，人體就沒有辦法正常運作，只有當那個狀況被正確診斷出來，用手術或其他方法使紓解或糾正問題，那個人才能回到正常的作息。

我知道這其中也有屬靈的原則，當我詢問　神這個原則，祂指示我，罪就是阻塞物，會干擾基督徒，使他沒有辦法完全發揮能力。很多基督徒會說：「哦，這些只是小小過犯，我並沒有造成別人的困擾。」有時，一兩顆膽結石或腎結石並不會引起器官完全阻塞，但一段時間之後，結石的數量和大小卻會增加，繼而完全切斷這些器官發揮功能的能力，那時候，狀況就會對生命造成威脅了。

罪惡不會自甘渺小，它有辦法削弱一個人的良知，使人把過犯合理化，同時說服自己情況還不至於失控，也沒有引起嚴重或長期的損害。

這撒旦的謊言多麼可惡！我們沒有即時看見的損害，正落在我們與主的關係當中，先是一道裂痕，然後持續擴大，因為罪惡損害了良知，它也削弱我們的能力，不能察覺聖靈的光照來指示我們已經違背了神的旨意。噢！受罪惡矇騙是何等容易啊！

我們都不會容許石頭顆粒在體內累積，而導致功能喪失，同樣的道理，我們也不該讓任何事物干擾我們和天父之間的關係，我們必須持續地提防靈魂的仇敵設下的欺騙和把戲。願主幫助我們每一位都能剛強與主同行，也能遠避那些阻塞我們與主關係的事物。

第十三章

需要宣告生命的話語

頌讚和咒詛從一個口裡出來！我的弟兄們，這是不應當的！

雅各書 3:10

不可把兩樣種子種在你的葡萄園裡，免得你撒種所結的和葡萄園的果子都要充公。

申命記 22:9

再怎麼強調話語的力量都不算過份，我們每個人都必須為自己所說的話負責，因為說了的話是無法收回的，它們會發生作用—或好或壞的作用。記錄在聖經上的話語能改變生命，不僅針對當時話語宣告的對象，也包括之後所有誦讀那些宣告的信徒。所以這件事必須成為我們的終極目標。

神說，頌讚和咒詛不可從一個口裡出來，這裡也有一個自然法則存在。農夫若想種出味甜的水果，就絕不會把香瓜種在苦瓜或黃瓜的旁邊，如果這麼做，到了收成的時候，他會發現香瓜已經失了甜味，農作物都報廢了。同樣地，　神指教摩西不當把兩樣種子種在一起，其中一樣必然敗壞另一樣。

讓我們學習舌頭的權柄，宣告生命的話語吧。

第十四章

需要主內交通

你們不可停止聚會，好像那些停止慣了的人，倒要彼此勸勉，既知道那日子臨近，就更當如此。

希伯來書 10:25

幾年前我們回去拜訪先前的教會，就在馬利蘭州的巴爾的摩市，當年的席德牧師和師母蓓西在牧會二十五年之後，已經領受主的呼召而搬遷到以色列，他將教會委由兒子克爾畢來管理。當我們受邀回到教會講道的同一段時間，席德與蓓西也正好回到教會來探望。

席德很難過的是，教會中有些成員不再參加聚會了，所以他打電話給其中一家，問問原因。那家人說，他們覺得沒有必要再上教會了，他們的論點是，從基督教電視節目和錄影的信息中，就可以獲得屬靈的祝福。席德對這種態度非常錯愕。

對這樣的事，聖經有清楚的教導。我們不可停止聚會，脫離與其他信徒的交通，孤立是通往屬靈矇騙的快速道路，很多人生出驕傲的靈，並且說他們不再需要「聽人的話」，他們堅持說：「上帝的靈會教導我。」這是很危險的。

即使大自然也教導我們連結的重要。當嚴峻的暴風雨掃過林區，緊密相靠的樹木會彼此護庇，通常就能歷經風雨而無損傷，然而，孤立的樹常遭折損，甚至全然吹颳倒地。我們基督徒需要來自彼此的力量和鼓舞，　神早就呼喚我們為此目的彼此順服。

在任何戰役當中，處在軍力外圍的部隊總會遭受敵軍的猛攻，然而在　神的軍隊中，這不會是一個問題：

> 耶和華的使者在敬畏他的人四圍安營，搭救他們。
>
> 詩篇 34:7

神用祂的天軍四圍環繞我們，但是祂也教導我們緊緊相依，好蒙保護。正如馬太福音所說，我們的力量來自同心合意、來自合一：

> 我又告訴你們，若是你們中間有兩個人在地上同心合意的求什麼事，我在天上的父必為他們成全。因為無論在那裡，有兩三個人奉我的名聚會，那裡就有我

在他們中間。

馬太福音 *18:19-20*

第十五章

需要既聽道又行道

因為聽道而不行道的，就像人對著鏡子看自己本來的面目，看見，走後，隨即忘了他的相貌如何。

雅各書 1:23-24

這個經節並不是說世上有兩種人：聽道的人和行道的人。事實上，如果不先成為一個聽道的人，就不可能成為行道的人，聽道總是優先。

身為　神的兒女，聆聽祂向我們說話，是無可取代的，任何事物若阻擋我們聽　祂的聲音，都必須去除。

有時我們需要關掉其他噪音，才能夠更清楚地聽見祂的聲音，身邊競相吵嚷的情況下，我們如何聽得見祂呢？

我們常有的另一個問題就是，我們不是善於傾聽的人。如果　神所說的極為重要，我們就當專心聆聽，必要時甚至作筆記，好讓我們更清楚了解祂所說的是什麼。

神是對我們的心靈說話，如果我們的心靈動亂不安，也聽不見祂，經常是當在我們平穩下來之後，祂才能與我們溝通。

我們當中還有些人則是忙到沒有時間讓　神來找到我們。我們都有那種打電話找不到人、只聽到忙線訊號聲的時候，我們打電話要找的人或許正和別人交談中，又或是在這個摩登的年代，也有可能他們正用電腦連線網路中。有時候忙線訊號實在太久了，我們忍不住懷疑電話線或電話機具故障，甚至還打電話給電信公司請他們檢查一下呢。

我們想打電話找人，都有很多狀況可能導致不通，平日就更要時時警惕，看看有沒有什麼妨礙了我們聽　神的聲音。若和一切智慧知識的源頭斷絕，這代價我們絕對付不起。請時常檢查你的屬靈連線，好確定你能夠收到主想要給你的訊息。

聆聽主　神

當祢發聲，我願聆聽，
我知所當行，
閉絕一切喧嚣煩擾，
單聽祢聲音。

祢的指教如此清晰，
話語中得力，
引我腳步行走祢路，
綑綁盡脫離。

祢作為浩大，我力量微小，
願改換一新，
拋開籌算心中主意，
單聽祢聲音。

祢應允我一切所求，
話語多鼓舞，
隨祢前行何苦之有，
因祢是我主。

主啊，助我行祢旨意，
場上需奔跑，
光陰無多，工作甚鉅，
靠祢大力，必達成目標。

得聽祢說：「兒啊，很好。」
是唯一渴求，
祢愛深長，不念我惡，
焚我心似火。

主啊，再無任何事物
使祢我分離，
我必一心聽祢聲音，
行我主旨意。

--耶利米

第十六章

需要堅持不懈

只要剛強，大大壯膽，謹守遵行我僕人摩西所吩咐你的一切律法，不可偏離左右，使你無論往那裡去，都可以順利。

約書亞記 1:7

在這個企業瘦身的時期，有很多令人難過的報導。有一天，我在住家當地報紙上讀到一個女士，她忠心地服務於一家製鋁工業，已經超過二十年，她聽說了公司要大大裁減人力，但因為她多年來的效力，以及優秀的工作績效，她覺得自己的職位應當是穩妥的。有一天她被叫到上司的辦公室，幾句話後就被免職了，她丟了工作—而且即日起生效。那位女士幾近崩潰，不只因為免職一事，也因為整個過程如此無情。

讀完這報導的隔天，報紙上又有一個類似的文章，這一次是一位剛丟了工作的男士，他本來是某服務業人事部門的一個資深員工，五十歲時突然被解職，接下來就必須在就業市場，和不及他年齡一半的應徵者競爭。

那位女士，在短暫地受到不公平解職帶來的「嚴重打擊」之後，重新站起來繼續過日子。這並不容易，她必須遞交無數的履歷表，接受無數的拒絕，等待無數石沉大海的「電話再聯絡」，後來她的確找到工作了，卻還得接受一段時間的薪資銳減，她將這一切視為過程的一部份，繼續努力，最後，她的堅持不懈有了代價，她得以展開全新的精采生涯，當中充滿新挑戰與新機會。

然而，有關那位男士的報導就大不相同了。十八個月後他還是找不到工作，而且罹患嚴重憂鬱症，他已經放棄找到新工作的希望，他的家人本來相當支持他的，但後來，五個成年的兒女都對他失去耐性，不斷告訴他要拋掉一蹶不振的態度，重新站起來為自己的未來奮鬥。

如果你從沒有類似的經歷，就只能想像一下自己在那種情況中的可能反應。從頭開始絕非易事，是需要許多決心的。上面所提的兩位都面臨相同問題，但是面對問題的態度卻截然不同，結果也就大相逕庭。當我們發現自己處在艱困的環境，可篤定的是主與我們同在，祂會成為我們的力量，保守、看顧我們走向勝利，祂是我們「**患難中隨時的幫助**」。

有一位詩歌作者這樣告訴我們：

當我敬拜
祂賜力量
我心充滿讚美
耶穌打破綑綁
我高舉雙手將榮耀得勝歸給祂

--佚名

完全將你自己交託給主，承認生命中有些困境你無能為力，然後確信祂大有能力。

以下是主賜給我的一首小詩：

信靠祂不止息

人生並不公平，
主啊，祢仍關心，
祢的話語如此說明。
再無苦難、任何困境
能將我們擊倒，
只因無論何試驗，
有祢可投靠。

緊握祢的手，
我們得立穩，
惟靠主啊祢大能。
只因深知獨一　神
差遣愛子為眾人，
此道永為真。

--耶利米

第十七章

需要凡事信靠　神

内中有一個人是律法師，要試探耶穌，就問他說：

馬太福音 22:35

示巴女王聽見所羅門因耶和華之名所得的名聲，就來要用難解的話試問所羅門。

列王紀上 10:1

二十多年來，我們一直參與服事於維吉尼亞州愛須蘭市的「各各他五旬節帳幕與營地」（Calvary Pentecostal Tabernacle and Campground），我們與帶領眾人的海弗蘭一家關係密切，不斷地受到鼓舞、激勵而更加剛強。華勒斯・海弗蘭牧師和伊迪絲師母於五十多年前，在維吉尼亞州的利奇蒙市開始創辦這事工，老華勒斯牧師於1972年辭世，伊迪絲師母和兩個兒女，小華勒斯・海弗蘭牧師及路得・海弗蘭牧師，就接手了相同的異象。這事工在他們的領導之下，不但持續而且擴大了，多年來他們訓練了許多傳道人，這些傳道人也出發在全地叫許多百姓蒙福。當初整個服事乃建立在信靠　神之上，如今仍以相同信念運作中。

雖然「各各他五旬節帳幕」是一個非營利機構，電力公司卻以商業用電的標準來收費，這樣一來，每到夏季，我們有好幾百人參加營會服事時，每個月的電費就會是大約六千美元。伊迪絲師母如今已經八十六歲了，她是在十三歲時就聖靈充滿的，是眾所周知一位有信心的婦人，她不敢鬆懈地為支付巨額電費禱告。有一個月，她對於這重大的責任實在感到有些疲憊，於是和主有一些交談。「主啊，」她這麼禱告，「我曾聽說其他人的事工獲得數筆巨額的金錢奉獻，甚至是百萬美元，這樣就可以支付帳單了。祢難道不能就此一次賜我一百萬元，好讓我不用為了付電費要這樣賣命禱告？」這聽起來像是很合理的請求。

主非常親切地回答她：「伊迪絲，如果我給妳一百萬元，就要等到那筆錢用完，才能聽到妳跟我說話了！」

對我們許多人而言，這話何等真實！當　神回應並成就我們的祈求，我們通常要等到下一個重大需要臨頭了，才會回到祂面前，祂並不想成為總在最後一刻為我們解危的上帝，而是一位和我們天天相處的神，祂希望成為永遠同在的朋友，看顧我們，分享我們的喜悅與憂傷。當我們在生活中給祂足夠的時間，可以肯定的是，祂會無微不至地眷顧我們的需要，並且會迅速給予回應。

第三篇

聖經問題的思考

第十八章

「難道我們也瞎了眼嗎？」

> 耶穌說：「我為審判到這世上來，叫不能看見的，可以看見；能看見的，反瞎了眼。」同他在那裡的法利賽人聽見這話，就說：「難道我們也瞎了眼嗎？」
>
> 約翰福音 9:39-40

開了瞎子的眼睛之後，主耶穌說了這段話，話語激怒了一些當場聽見的法利賽人，他們就問到：「難道我們也瞎了眼嗎？」這在當時是個好問題，如今仍是一個好問題。

主耶穌給法利賽人的回答則充滿指教：

> 耶穌對他們說：「你們若瞎了眼，就沒有罪了；但如今你們說『我們能看見』，所以你們的罪還在。」
>
> 約翰福音 9:41

如果那些法利賽人真瞎了眼（也就是說，如果他們無法理解主耶穌的教導），就不必為拒絕接待主耶穌也拒絕祂的服事，來負起責任。但主耶穌說，他們並非瞎眼，所以他們的態度就無可推諉、不得寬恕了。這些話聽起來異常嚴厲，不像出自這位長久恩慈、樂意饒恕任何聆聽祂教誨而順從真理的人，因為有些法利賽人已經心裡剛硬，不肯受教。

肉體上的瞎眼是一大弱勢，但屬靈上的瞎眼則為更大的悲劇。主耶穌指的是，祂可以輕易醫治肉體上的瞎眼，然而那些心裡剛硬、拒絕接受福音真理的人，則是無可救藥。

「他們是法利賽人，」很多人會這麼說，「我沒有這個方面的問題。」那可不一定！我們是否已成為善於查驗別人弱點的專家，而無法洞悉我們自己生活中相同的困擾？比如說，有多少基督徒真實地依靠主耶穌「登山寶訓」的教導而活呢？

> 你們要先求他的國和他的義，這些東西都要加給你們了。
>
> 馬太福音 6:33

在這新世紀的起頭，時間的束縛已經將　神擠出很多自稱為基督徒的生活作息之外了。我們仍忠心地「先」求祂的國嗎？還是我們的時間多半投入其他更需追求的事項？

很多人會回答說，照顧家庭是我們職責所在，這話不錯；有的人會想到工作的託付是當盡的義務，那也是不容忽略的；有的人堅稱生活的壓力需要紓解，所以他們投入時間於電視、電動、體育活動或網際網路，誰又能說他們不是呢？

且慢！這些事何時了呢？「**難道我們也瞎了眼嗎？**」有太多的事務使我們分心，扭轉我們的注意力不去親近　神，但祂吩咐我們要「先」求祂，我們當然可以使一切合理化，說這所有活動都是重要而有益的，這話也有幾分真實，這些事物的本質並非罪惡，我們如何運用這些事物才會導致它們為善或為惡，當我們容許任何事物搶奪本該「先」給　神的時間，我們就難辭其咎，不但虧欠　神也失去了祂最好的祝福，所以，無論我們花時間追尋的特定事物是否為罪，沒有「先」尋求　神必然是罪。

任何奪走屬　神時間的事物，都相關於崇拜偶像，而我們美國人似乎總會把美好事物推向極端。體育活動是健康又深具娛樂價值的，但是我們真的需要好幾個二十四小時播放的電視體育頻道嗎？購物也沒有什麼不對，但是我們真的需要好幾個全天候待命的購物網嗎？如果聽起來還不夠糟，有許多基督徒出於好奇心，忍不住去撥打命理熱線，特別是因為第一通免費。親愛的弟兄姐妹，我們有更好的選擇來打發時間。

許多事務顯得無傷大雅，卻能奪去　神所賞賜我們的上好福分。比如說，觀賞方塊舞能出什麼差錯呢？但是若花上好幾個小時又好幾個小時呢？

現在我們的家庭生活與靈性成長中，又遭遇到一個全新且棘手的入侵者—網際網路。當中有許多聊天室，使用者可以與世界各地的人們消磨光陰，談論的主題不可勝數（其中有好也有壞），這個新的消遣具有莫大的潛力，能搶奪上百萬人與主單獨相處的時間，更糟的是，我們不曉得與我們交談的是何許人，也不知道他們心中的盤算，這是很危險的。此外，我們怎麼消受得起那忽略身邊家人和職責的風險，而通宵熬夜和一些未曾謀面的人交換心得見解？「難道我們也瞎了眼嗎？」

這些不是少數人或少數國家所面臨的問題，我們看見全世界的人都受同樣困擾折磨，如果我們不能給神、或給我們的家人應得的重視，真的，我們已瞎了眼了。

回首過往，我了解到自己曾做過一個明智的抉擇，就是有一天，我告訴我的秘書，每逢週六我們牙科診所不再應診了。「不行的，」她說，我們在大部分週六的收入都是其他工作日的雙倍，而且，撇開經濟因素不談，她擔心我們週六不開張，會惹病人不高興，大家整個禮拜工作，到了週末正需要牙科方面的照料。我了解她所說的，但我注意到孩子們的成長何等迅速，他們唯一空閒的日子就是週六，如果我當時持續工作，我們就不可能全家享有那麼多共同的經歷了，我們全家人最快樂的回憶中，有許多就來自那些週六。

因為孩子成長迅速，而且現在也已經離家，所以我從未惋惜過當時的決定。據說，在臨死前，沒有人會後悔一生工作時數不足，反而有許多人會後悔不曾花更多時間認識 神和感激家人。

是時候了，我們應該釐清優先順序，並且「先」分配時間給真正重要的事。這個動作有極大應許：「這些東西都要加給你們了。」如果我們能把 神當得的時間獻給祂，我們就不用思索自己是否也瞎了眼了。

第十九章

「人算什麼？」

人算什麼，你竟看他為大，將他放在心上？每早晨鑒察他，時刻試驗他？

約伯記 *7:17-18*

今日許多人深受負面的自我形象所苦，其實這是仇敵拿手的詭計，牠要我們以為別人盡得好處，我們的生活卻往往落空，牠告訴我們，別人有更高的才華和能力，不管他們選擇走哪一行，都會顯出更優秀的天份，牠也堅稱，別人連交朋友都比我們來得容易，別人知道如何使自己深具魅力，我們則一竅不通……祂一長串的謊言可說是永無止盡。我們越是受這詭計欺騙，而愛和別人比較，就會越發覺得自己上不了檯面。身為基督徒，我們應當花時間來與基督比較，祂是唯一全然美善的一位，因此也是我們的榜樣。

很顯然地，我們這一生大概沒有辦法達到完全的境界，但在我們的不完全當中，　神卻選擇看我們為大，如果我們能用心靈來領受這事，我們就能以祂的觀點來看待自己。

你可能出身卑微渺小，但基督將祂屬靈的放大鏡放在你的生命中，將你放大了，祂給你極大的能力，祂加增你力量，好叫你能夠完成祂為你擬定的計畫。如果我們能夠單單思想　神無窮的能力，忘懷過去的失敗與眼前的限制，如此我們的生命必能迅速且輕易的轉變。我們常常認定自己本來的樣子，　神卻堅定地看見我們可能成就的樣式。

不久之前，我為一個姐妹禱告，她正受到憂鬱症和負面自我形象的苦害，而主要我告訴她，就算其他家人能力更好、才華更高、或是別人看起來更有魅力（祂並非說這些事屬實），　神還是揀選了她。為此我們都可以大聲歡呼了！單單這話就足以使我們一週七天、天天得脫離鬱悶！我們蒙主厚愛，我們是與眾不同、屬主的百姓。

主耶穌是品味卓絕的，祂只做最佳選擇，而祂卻傾心於**我**。噢！讚美　神！

當一位男士傾心於一位女士，意思也就是他認定這一位就是他的終生伴侶了，他深深喜愛她，會樂意為她做出重大犧牲。許多年前我傾心於所愛的那一位，也正是如此，我會想與她共處，想討她歡心，我會思索有什麼她欣賞或喜愛做的事情，我們結婚至今超過四十四個年頭了，這些想法到今日仍然不變。再思及這樣人生情境的引申，如今這關係的主軸竟是主耶穌，這是何等奇妙啊！和祂擁有這樣親密的關係更是無限長久、無限滿足！

還有更棒的，我在天上的父選擇來探望我，祂顧念我每一個需要，當我需要幫助，祂派遣一營的天使，就是服役的靈，奉差遣來為我效力，他們開通我的道路，掃除仇敵放置在我路途中央的障礙，這是何等大的安慰！所以，我何必灰心喪氣呢？

神不僅差遣祂的天使來為我效力，祂自己也來到我的生活中，祂極希望我與祂交通，也喜愛與我共處，祂樂於坐下來和我一同擘餅，我們得以和主一起渡過每日時光，這是何等大的榮幸！

如果我們的主是如此熱切地要與我們同在，我們必須更警惕自己，要挪出時間來給主，將祂應得的愛戴歸給祂，如果我們只有在緊急狀況中，別無他法才想到呼喚主，祂會很不開心，祂渴望的是和我們每一位建立互愛互慕的關係，祂想要告訴我們，祂有多愛我們，同時祂也心急於聽見我們的回應，我們怎麼好在這樣的大愛中意興闌珊呢？

神對我們的愛不僅宣告於舊約，而是貫穿整本聖經，彼得這麼寫給教會：

> 惟有你們是被揀選的族類，是有君尊的祭司，是聖潔的國度，是屬　神的子民，要叫你們宣揚那召你們出黑暗入奇妙

光明者的美德。

彼得前書 2:9

天哪！我竟有這些身份！

這簡直超乎我們的理解，我們覺得自己何等微不足道，但　神卻揀選我們又任命我們完成偉大的計畫，我們在祂眼中是重要的，祂以君尊的血統看待我們。現在不該是氣餒或自慚形穢的時候！人算什麼？人正是　神眼中的至寶，是祂受造物當中極致的榮耀。

第二十章

「論到基督，你們的意見如何？」

法利賽人聚集的時候，耶穌問他們說：「論到基督，你們的意見如何？他是誰的子孫呢？」他們回答說：「是大衛的子孫。」

馬太福音 *22:41–42*

「**論到基督，你們的意見如何？**」多麼深奧的問題！無論主耶穌走到哪兒，祂都要人們認真思考，祂使人們省察自己的內心，看看某一狀況中為何他們會如此行，或是不如此行。現在我想提提三種不同族群的人，當天面對宇宙主宰這麼發問，他們會有哪些可能的反應：

（一）那些沒把祂放在心上的人

這些人完全投身於他們自己的問題當中，才沒有時間去想到主耶穌，也沒有時間好奇為何這麼多人受祂吸引，他們甘願讓工作的忙碌完全吸取他們的時間和精力。如果問到：「論到基督，你們的意見如何？」

他們的回答大概會是先反問:「基督是誰?我每天的行程夠忙了,幹嘛要花時間去思考祂、或聽祂說話?」因著這樣的態度,這一群人錯失了大好機會,沒有辦法找到解決生活困境的答案,更尋不到基督裡才有的永生的盼望。他們忙得沒時間給　神。

(二)那些僅僅把祂視為醫治者或釋放者的人

這些人被所聽聞的神蹟或醫治傳言撼動,他們把病人和受各樣折磨的人帶到主耶穌面前,看看會如何,結果病人和受折磨的人都被基督的神能給醫治釋放了,眾人大受感動,所以大批的人群就跟從了主耶穌。

但是,當主耶穌開始講論自己是生命的糧(約翰福音6章51-58節),他們當中有許多人說:「**這話甚難,誰能聽呢?**」(60節)。主耶穌的教導真的讓人難以遵從嗎?真的那麼難、那麼費事嗎?一點也不會。但是,這一群人一個一個地對主耶穌失掉興趣,他們轉身走了。

論到基督,他們的意見如何?不太值得隨祂走遠路,求告祂醫治和釋放的能力還不錯,但這群人不願意再更進一步。

（三）那些願意為祂捨棄一切的人

在許多人轉頭離開之後，主耶穌問祂的門徒，是否也要棄祂而去，彼得代表這一小群忠心的信徒這麼回答：

> 主啊，你有永生之道，我們還歸從誰呢？我們已經信了，又知道你是神的聖者。
>
> 約翰福音 6:68-69

這一群人並非為了餅和魚的緣故來跟隨主，而是因為他們信祂所傳的道，所以他們願意為祂捨棄一切，他們會忠心到底—不管別人怎麼做。

論到基督，他們的意見如何？他們知道祂有永生之道，所以下定決心跟隨祂—無論前路通往哪裡。

今日又有什麼不同呢？有些人沒有時間聽信福音，還有一些人不願意順服福音的信息，所以轉身離開，但在全地各個角落，仍有一群忠心跟隨基督的人，這群人是預備好為祂撇下一切所有的。

即使是我們日常生活中所遇見的基督徒，也有些人似乎只願意和主同行卻保持距離，他們喜歡基督的信息，但是堅持自己奮鬥，背負自己的重擔，為自己爭戰，盡他們最大的力量掙扎向前。主耶穌當時問的問題仍與今日有密切關聯：**論到基督，你們的意見如何？**

第四篇

聖經詞語的思考

第二十一章

「我們日用的飲食」

我們日用的飲食，今日賜給我們。

馬太福音 *6:11*

我們有時實在不太聰明，我們照顧肉體的需要，卻時常讓屬靈的自己挨餓，內在的我和外在的我，其實一樣需要按時候餵養，使內在的我強壯所需用的食物，就是 神的話，也就是聖經。

有一天我在馬來西亞的檳榔嶼聚會，正為教會中的一位弟兄禱告時，主提示我說，維他命C是身體必須的，但它沒有辦法儲存在體內，如果要在整個系統中維持適當的份量，就必須天天定量來吸收。相同地，神的話也沒有辦法一次儲存，而是要天天取得，才能獲得我們所需的內在力量，來抵擋必然來到的誘惑，所以，請一定要每日取用這樣的飲食，因為生活的疑難必定會出現，而你需要鞏固自己，好抵禦這樣的攻擊。

第二十二章

「耶穌哭了」

（耶穌）便說：「你們把他安放在那裡？」他們回答說：「請主來看。」耶穌哭了。

約翰福音 *11:34-35*

主耶穌站在拉撒路墳墓前面的時候，祂哭了。祂當然不是因為拉撒路在墳墓裡而哭，因為祂深知道，在生命的創造者面前，死亡不能困住祂的朋友。從這句經節的前後文看來，我覺得主耶穌之所以哭了，是因為聚集在祂周圍的人不了解祂究竟是誰。

其中一個人這麼說：「你看他愛這人是何等懇切。」（約翰福音 11章36節），然後另一個人說：「他既然開了瞎子的眼睛，豈不能叫這人不死嗎？」（約翰福音 11章37節），甚至馬利亞和馬大也說過：「主啊，你若早在這裡，我兄弟必不死。」（約翰福音 11章32節），她們很難過主耶穌沒有在一開始聽到消息時，就立刻趕過來。這所有的人都很肯定他們知道事情原該如何處理，但就是不了解主有更好的辦法。

神總有更好的辦法，我們若不相信，或是不按著祂的方法行，就會令祂傷心。請留意祂對你生命的計畫，讓祂的旨意在你裡面暢行無阻。

第二十三章

「就愛他們到底」

逾越節以前，耶穌知道自己離世歸父的時候到了。他既然愛世間屬自己的人，就愛他們到底。

約翰福音 *13:1*

這必然是整本聖經中最安慰人心的話語之一了，讓我們來思索當時這句話語發出的環境。

主耶穌即將被釘上十字架，鮮血會從祂的手、祂的腳、祂的背、並祂的臉上淌出，那些站立一旁的人會譏誚祂，要祂從十字架上下來。

主必然渴切地尋索人群中祂的朋友與門徒的蹤影，就是那些每天與祂同行、眼見祂奇妙神蹟、又聽聞祂改變生命的信息的那些人，然而他們都不見了。約翰大概是使徒裡唯一留下來的一位，他親眼見證了主耶穌斷氣前那些最痛苦的時刻，其他的人早因懼怕權威，藏躲起來了。

在這一切了然於胸的狀況下，聖經上記載：「（祂）就愛他們到底。」主耶穌的愛是毫無條件的，祂愛我們，無論我們是不是愛祂，祂愛我們，無論我們是否回應祂的愛，祂愛我們，無論我們有沒有做錯事情，祂不計一切地愛我們，並且不要求任何回報。願　神也將這樣無條件的愛賜給我們，就是賜我們基督的大愛，好讓我們愛眾人，並能夠愛他們「到底」。

復活

但願能像主！
我心所切慕。
與主耶穌永契合，
聽天軍讚歌。

與我救主面對面，
深知祂愛我，
甘願捨命作贖價，
使人得自由。

奇妙同在是應許，
日日大得力，
我們怎能沒有祂？
怎能再離家？

何等剛強何等信！
只因認識祂的名！
主在殘酷十架上，
為你我掛心。

遭難那日人稱好，
門徒心悲淒，
無望、哀痛難比擬，
葬主入墳塋。

誰料復活日清晨，
婦女正往訪，
墓穴當有我主身，
詫異事在望。

巨石挪移了無踪，
墳墓已然空，
寶貴主無處可尋，
婦女心憂急。

眾人納悶苦思索，
該何去何從，
救主立於眼前說：
「如我應許，我已復活。」

祂已復活，哈利路亞！
祂已復活，阿們！
祂已復活，普傳天下，
盼望今賜與眾人。

當日暫離，終久必見，
祂必再降臨。
何等確據，我們真知，
救主必再臨。

--耶利米

第二十四章

「我渴了」

這事以後，耶穌知道各樣的事已經成了，為要使經上的話應驗，就說：「我渴了。」

約翰福音 *19:28*

「我渴了！」基督所受的，豈是純粹肉體上的口渴嗎？往各各他的道路十分漫長，又塵沙飛揚，祂的軀體中，維持生命的水分此時已然枯乾，又受曝曬於炙熱的太陽之下。

士兵拿醋給祂喝，但那並不能止住祂的乾渴，這乾渴的嚴重程度遠超過任何人的想像，主耶穌是為眾人的靈魂而乾渴，這正是祂在各各他順服了天父旨意的原因，祂的生命必須捨去……為了眾人的靈魂，除此以外，再沒有什麼能使祂滿足。

我們認識基督的人，應該能些微地領略祂在各各他所經歷的事。雖然我們自己的乾渴一再地蒙主滋潤，仍然有無可言喻的乾渴在我們裡面—那是一種企求更多、一種盼望永生的乾渴。只有到那一日，就是我們得立於祂眼前的那時刻，我們才能全然滿足。

在那日來臨之前，我們必定要同受祂為眾人靈魂所發出的乾渴，並且要盡一切的可能，努力將福音傳給人，正如他人努力將福音傳給我們一樣。

第二十五章

「成了」

耶穌嘗了那醋，就說：「成了！」便低下頭，將靈魂交付　神了。

約翰福音 *19:30*

「**成了！**」什麼事成了？就是主耶穌來到世間所要做成的一切事，都完成了，犧牲已做成，救贖也成就了，罪惡及死亡已被勝過，主耶穌如今能夠舉目望天，深知祂已做成了祂所當做的，其餘的就由天父來帶領了。

三天之久，祂的軀體將冷冰冰地躺臥墓穴中，但是最終勝利昂揚的一章已經在各各他寫下。**成了！**何等榮耀！何等得勝！我們所服事的是何等奇妙的救主！

第二十六章

「馬利亞」

耶穌說：「馬利亞。」馬利亞就轉過來，用希伯來話對他說：「拉波尼！」(拉波尼就是夫子的意思。)

約翰福音 *20:16*

主耶穌單單說了一個詞：「**馬利亞**」，但這一字詞，和呼喚這字詞所富含的慈愛，卻使馬利亞的心甦醒，而認出主耶穌來，她立刻了解到，這站立在她眼前的乃是主，而且如祂所應許的一樣，祂已復活。我多麼盼望，我們也能對　神的聲音那麼敏銳，即使是一個字詞也能使我們的心震動。

當主耶穌說出那一個字詞，突然間所有的憂傷都自馬利亞心中消散，取而代之的是榮耀的喜樂。她如今明白，並非一切都飛灰煙滅，如她前一刻心裡所想的一樣，相反地，世界無一不美好，耶穌復活了。

之後，馬利亞是何等熱切地向門徒們宣講這個好消息！她是第一個曉得的人，如今她要飛奔告訴其他眾人。

今日，你與我都受此託付，應當延續馬利亞的努力，告訴全世界耶穌活著的大好消息。且聽祂今日呼喚你的名字，你必能曉得跟隨復活基督得享的平安和喜樂。

第二十七章

聖經中的趣味想法

當我們讀完聖經，會發現一些令人驚異的敘述，這些敘述可能聽起來很有趣，也可能使我們為之一愣，問說：「什麼？」接下來提供的幾個例子是我覺得很有趣味的，但同時我想聲明，我並非有意失去虔敬，只不過，我相信主有很棒的幽默感，而且或許祂正對著我們會心一笑呢。這裡就有一些例子：

他們就坐船，暗暗的往曠野地方去。

馬可福音 *6:32*

多麼有趣的場面！你如何能「**坐船**」往曠野地方去呢？（譯註：「曠野地方」原文作「沙漠」。）我一直以為沙漠之舟就是駱駝了，但此處記載著一群意志堅定的門徒，乘船駛過沙漠中的狂風與飛砂走石，他們顯然非到達他們的目的地不可。

這段經節的實情是，此處曠野（沙漠）一字，指的是一個荒涼的地方，門徒們搭著船要去到一個荒涼之處，但是乘船駛過沙漠的想法聽來更為有趣。

他們行路上耶路撒冷去。耶穌在前頭走，門徒就希奇，跟從的人也害怕。耶穌又叫過十二個門徒來，把自己將要遭遇的事告訴他們說：

馬可福音 10:32

「**他們行路**」(譯註：原文亦作「**他們擋路**」)，這句話使我想起今日的許多基督徒，　神已經預備好要行大事，但他們卻拖拖拉拉，組織各種委員會進行商議，　神已經預備好要施奇妙，但他們卻以眾多藉口搪塞，　神要差遣宣教士到列國，但他們卻寧可永無止盡地專注於庸庸碌碌的生活細節。他們「**擋路**」，也就是說，他們沒幫上忙，反是一種干擾。

那麼你呢？你處於哪一群人當中呢？你也「**擋路**」嗎？時候到了，該讓出　神要行經的道路，讓祂來動工。

這段經節的實情是，「**擋路**」一詞指的是在路上，或說行路中，也就是出發之意。但是「**擋路**」卻清楚描繪出許多基督徒站立不動的樣子。

但祭司長商議連拉撒路也要殺了；

約翰福音 12:10

這個小插曲，如果是發生在拉撒路死亡之前，或許還稍具意義，這拉撒路就是後來主耶穌使他從死裡復活的那位。但是這段話的發生卻是在拉撒路已經死了、又被賦予新生命之後，這些祭司長顯然以為他們可以消除　神已經做成的事。如果主耶穌已經選擇要將生命賜給拉撒路，那麼死亡就不可能轄制他。

人常因仇恨而盲目，以致於努力籌算那些可想而知、荒謬至極的計畫。聽到這樣的一個威脅之後，主耶穌和拉撒路一定都哈哈大笑吧，主耶穌已經以超乎自然的方式使拉撒路從死裡復活了，祭司長竟然想要再度殺他。

亞伯蘭年九十九歲的時候，耶和華向他顯現，對他說：「我是全能的　神。你當在我面前作完全人，我就與你立約，使你的後裔極其繁多。」亞伯蘭俯伏在地；　神又對他說：「我與你立約：你要作多國的父。」

創世記 17:1-4

如果身在亞伯拉罕的處境，或許我們當中會有不少人以為　神的這段話是「愛說笑」，畢竟亞伯拉罕已經九十九歲，而撒拉也九十歲了，這對夫婦一直到了那個年紀，都還無法生育，如今，以亞伯拉罕的高齡，突然之間竟要作「多國之父」？受過教育的人都知道，這樣的生育在醫學上毫無可能，同時也會覺得，神只是在安慰這些老人家，給他們打氣，要他們知道，他們的付出並沒有被遺忘，將來的萬國列邦都會感激、並推崇他們的領導。但此處正發生的事完全不是這樣。

為什麼我們總是要對　神加以解釋，好讓祂的神蹟顯得容易理解呢？祂的作為是超乎理解的，我們只要單單接受其原貌即可，我們算什麼，竟然質疑　神能做到的事呢？祂是無限。

神完全沒有必要使祂的作為容易理解，祂告訴亞伯拉罕，他要成為多國之父，事情就這樣成了—縱然是完全不可能的事。　神總是持守祂的應許，並且在過程中不斷地使我們驚奇。

超過生育年齡的父母生下以撒的這個神蹟，和以色列人過紅海，是異曲同工的。我們能說什麼呢？我

們的　神尊榮可畏！即使當時的場景實在令人匪夷所思，　神所說的每一字每一句都成就了。

> 耶穌既渡到那邊去，來到加大拉人的地方，就有兩個被鬼附的人從墳塋裡出來迎著他，極其兇猛，甚至沒有人能從那條路上經過。他們喊著說：「　神的兒子，我們與你有什麼相干？時候還沒有到，你就上這裡來叫我們受苦嗎？」
>
> 馬太福音 *8:28-29*

你能想像嗎？一個魔鬼控訴耶穌，說祂來到是為了叫牠們受苦，而牠們不過是在此處安居樂業，與旁人並不相干。這多麼像是魔鬼所說的話啊！牠總是要扭轉自己的處境，好看來像是受苦受難的一位，而非牠惡毒兇殺的原貌。

同樣情況也發生在以利亞前去見亞哈王的時候：

> 亞哈見了以利亞，便說：「使以色列遭災的就是你嗎？」以利亞說：「使以色列遭災的不是我，乃是你和你父家；因

為你們離棄耶和華的誡命，去隨從巴力
。」

列王紀上 *18:17-18*

很少有君王如邪惡的亞哈王一樣地卑劣，但他竟有臉控訴　神的先知使以色列遭災，撒旦就是學不會新把戲嗎？

實際上，撒旦確實有一些其它的伎倆—只有一些，並不多。牠仍然設法用我們的過去來折磨我們，牠使我們膠著於生命中的挫敗，並且一再如此。時候已到，我們應該正視撒旦的詭計，舊事已過，我們在基督裡都是新造的人，讓仇敵啞口無言吧，牠才是問題根源，我們不是。魔鬼竟然暗指主耶穌來要叫人受苦，真是一派胡言！撒旦才叫人受苦！讓牠曉得你已經看清楚事情的真相了。

有一天，耶穌教訓人，有法利賽人和教法師在旁邊坐著；他們是從加利利各鄉村和猶太並耶路撒冷來的。主的能力與耶穌同在，使他能醫治病人。

路加福音 *5:17*

這段話有什麼特別之處嗎？是否有哪些日子「**主的能力**」不會同在來醫治病人？萬一我們碰巧在那幾天生病怎麼辦？我們是否要等待改天，　神的能力「**與耶穌同在，使他能醫治病人**」的時候？

其實，那一天和其他日子的不同，不在於主或是祂的能力，而是在於與祂同在的人群，這些知識分子時常尋求機會與主耶穌爭論，或是為自己辯解，或是想探主耶穌的把柄，好在人前控告祂。然而這一天，他們來聽道，他們也渴求主的話語、切慕他的指教。這樣就造成了當日的極大差別。

如果「**主的能力與耶穌同在，使他能醫治病人**」，現場一定有人需要得醫治，或許正是這個需要，使他們謙卑下來，敬聽主耶穌的話語，他們並不常給予主這樣的尊重。無論他們態度謙卑的理由為何，主耶穌都回應施恩了，正如祂向來所行一樣。

很多人正像這些法利賽人和教法師，非得個人生命中遭遇重大需要，才會想到主耶穌，然而，　神仍回應施恩，祂的能力「**與耶穌同在，使他能醫治病人**」。聖經時代的主耶穌今日仍然活著，祂的能力仍然運行，伸出手支取你的神蹟吧，今天正是你蒙恩的日子。

第五篇

未來穩妥在主裡

第二十八章

我們的安全感

親愛的兄弟啊，我願你凡事興盛，身體健壯，正如你的靈魂興盛一樣。

約翰三書 *1:2*

我們長大過程中所聽到的許多事情，到頭來只不過是神話故事而已，也許我們早該瞭解，但當時的我們，實在很難分辨虛幻與現實的差異。

比如說聖誕老人和他的麋鹿，復活節兔子和牙仙（譯註：歐美的父母告訴小孩，掉了牙若包起來放在枕頭下，會有仙子拿銅板來換牙齒），更別提還有鬼魂和妖魔以及吸血鬼，每個家庭都會有自己虛構的故事和迷信，是一代接一代流傳下來的，除了這些，年長的哥哥姊姊也喜歡用各樣恐怖的故事，來驚嚇年幼的弟弟妹妹。

小孩子自己也有無窮的想像力，常常會對著未知的將來做白日夢。他們會經歷各個時期，想像自己成為消防隊員、飛機駕駛、太空探險家、護士、電影或電視明星、開演奏會的音樂家、職業運動員、賽車選手、腦部外科醫師、深入蠻荒世界的宣教士……等等無止無盡。這些項目可以列出一長串，只有小孩子的想像力能加以限止。

兒時夢想並沒有什麼妨害，只是要有父母親的引導，好讓孩子能夠釐清真實與虛幻的界限，只有當孩子完全退縮於虛擬的世界之中，這樣的夢想才會妨害健康人格的發展。

另一件小孩會做的事就是許願和盼望。比如說，大人都告訴我們，當我們看見夜間某顆星星顯得比其它顆都亮的時候，我們就可以對它許願，所以我們就會緊閉上雙眼，用盡力氣許下願望，我們的願望有時成真了，但是經常發生的是，願望沒有成真。當願望沒有成真的時候，我們就會經歷質疑的過程，不明白究竟什麼是真的、什麼不是，因為總是有不確定性，所以我們能夠相信願望會成真嗎？還是我們會失望地發現，我們的希望終究會粉碎？

在自然世界中，這種質疑是正常的，生活總是含有些許機會的成分：

「人有時會贏，有時總會輸。」

「你總得試一試這次的機會。」

「這次你很可能會走運。」

「沒有什麼是肯定的。」

這些都是常聽見的話，正好描述了生活中的不確定性。

然而，在信徒的生命中，不確定性已被挪去了，就在我們學會信靠　神的應許時被挪去了。雖然人的希望和許願，都有不確定和機會的成分，但是　神所應許的卻是如此肯定，我們根本不需要懷疑。主耶穌說：

> 我實在告訴你們，無論何人對這座山說：『你挪開此地，投在海裡！』他若心裡不疑惑，只信他所說的必成，就必給他成了。所以我告訴你們，凡你們禱告祈求的，無論是什麼，只要信是得著的，就必得著。
>
> 馬可福音 *11:23-24*

這個應許之中包含了所有小孩子都會喜愛的驚奇成分，卻不帶著一絲的不確定性。當我們認識　神，也知道祂的話語，我們就能深具信心，知道祂必定分毫不差地做成祂所說的一切。這在今日的世界以不確定性包圍我們時，特別令人安慰，至少還有一個標準是永不改變的，也就是　神自己。門徒約翰告訴我們，祂就是永生之道：

太初有道，道與神同在，道就是神。這道太初與神同在。

約翰福音 *1:1-2*

基督在「太初」就與父　神同在，直到今日從未改變，既然基督表達的就是　神的道，這道本身也永不改變。主耶穌說：

天地要廢去，我的話卻不能廢去。

馬太福音 *24:35*

如果你近來曾經感到自己像是個幻滅的孩子，先前深信不疑的事物，在你周遭崩潰消散，那麼這裡有件永不止息的事物，是你可以把握的：無須對著星星許願了，緊緊抓住　神至聖的話語吧。

第二十九章

主親手揀選

這樣，那在後的，將要在前；在前的，將要在後了。因為被召的人多，選上的人少。

馬太福音 20:16

1998年三月，就在三個禮拜的時間之內，有兩位我們的宣教士安息主懷了，他們並不算老，其中一位是六十三歲，另外一位只有五十三歲。大約同一段時間，一個強烈龍捲風就發生在距離我們宣教基地約十五英里的範圍內，它造成嚴重的損害，暴風吹垮了一棟兩層樓的住家，只留下磚造的地基，一位母親和她十五週大的小男嬰都被暴風捲走，那位母親只有三十九歲。

這四件死亡消息發生得這麼突然，時間又這麼接近，使我們不得不停下來，思考今生的短暫和不確定性，同時也為我們自己的生命好好盤算一下。萬一我們的終點也來到，我們是不是預備好了，可以在　神面前為這一生交帳了呢？知道我們就快要獲得永世的獎賞，又何等令人興奮啊！

其中的一場葬禮結束後，有好幾束鮮花裝飾被帶回來，就放在我們營地聚會的祭壇前面。接下來的晚間聚會，正當所有人敬拜讚美的時候，突然間主對我提到這些花飾的事。祂說，沒有一件事會脫離祂的眼目，祂說，那些花束當中的每一朵，都是優美地、小心地擺放一起，好成就整體安排中最大的美感，它們都是因為色澤和形態，而被用手摘取，也因為它們能夠創造出悅人眼目的外觀，這些花才能夠帶來喜樂，安慰那些失去所愛親友的憂傷人們。

主繼續說，我們所有愛祂的人，也是由祂親手挑選，並為了特殊目的而安置一處，每個人之所以蒙揀選，都因他或她特有的天份、能力和才華，而且 神知道我們的長處和缺點，祂會繼續地栽培我們，只要我們的生命降服於祂的旨意。

這是何等大的欣喜，知道我們是主親手揀選的，並且得以加入祂戰無不勝的軍隊陣容，又知道此生在地上結束之後，我們就得以與祂永永遠遠同在了。

第三十章

誠徵工作夥伴

耶和華的眼目遍察全地，要顯大能幫助向他心存誠實的人。你這事行得愚昧；此後，你必有爭戰的事。

歷代志下 *16:9*

到處都有這樣的標示：「**誠徵工作夥伴**」，在購物商場和市中心看得到，在百貨公司和速食店也看得到。這個世界都在尋找合格的員工，即使是在我們的學校當中，也沒有足夠的合格教師來教導孩子們，所以大家就會降低標準，讓代課老師來填補這部份的需要，目前就算是高中畢業生，只要有好的品行，也都被接受了。

許多行業的僱用標準常常都會調降，結果就是服務品質大不如前，這些工作還會提供誘因—就是週邊的福利，像是彈性的工作時段，全面涵蓋的醫療和牙科保險，還包括住院所需。但是，不知原因為何，這些作法並不一定都能招攬到最合資格的員工，結果是，所有人都蒙受其害。

屬靈的事上也有相近的情況。聖經告訴我們，耶和華的眼目遍察全地，要尋找可靠的人，是願意服事祂的。能夠被　神選中，在祂的葡萄園中工作，這是何等大的榮幸！既是如此，為什麼我們也缺乏候用的人？

當主找著一個優秀的候用人選，祂會試驗這人是否真實事奉、認真並且負責，祂要找的是那些能夠執行最初宣召的任務、又能完成的人。

正如同每個工作的應徵者都需要符合某些資格，那些蒙主揀選來做主工的人，也有必需符合的條件。祂正在尋找禱告的人，就是在生活的各方面，都以這位救主為主的人，祂也在尋找那些能夠每天花時間研讀　神的話語、並且在世有敬虔榜樣的人。當祂找著那些願意尋求祂的人，祂就會完成其他的事。

今天我們都有這麼棒的機會！無論誰回應了主的邀請啟示，如「誠徵工作夥伴」或「急需助手」，都會聽到祂說：「我已經選中你了。」

第三十一章

神大能的水流

使我認識基督，曉得他復活的大能。

腓利比書 3:10

我們都曉得磁鐵和鐵屑之間的吸引力，同樣地，當我們專注於主的時候，也會經歷一種來自天國的磁力，並且祂的能力會充滿我們。

經歷　神的大能，會對基督徒的生命造成極大的差別。一個基督徒，如果其生命不是經由　神的話語和禱告來精細地調整，會很快地停滯不動。　神的大能是無可取代的，我們每個人都必須自行下定決心，好經常領受這樣的能力。　神的大能會潔淨我們、使我們煥然一新，而且還能激勵我們、振奮我們，祂是我們力量的泉源。

在祂裡面有身體的醫治、情緒的醫治和關係的醫治（和　神的關係以及人與人之間的關係）。當我們認識　神，我們就會知曉祂無可限止的看顧、智慧、能力，以及那滿足並供應我們一切需要的無盡大愛，這使得我們的思想及理解得以跳脫自我努力奮鬥，而轉成定睛於祂，祂能做也深願為我們做成一切。只要知道萬事萬物盡在天父的掌握之中，並知道我們蒙主穩妥看顧，我們的信心便大為增加。沒有什麼景況是祂無法掌握的，也沒有什麼難關是祂不能帶領通過的。

各人如何讓 神的大能運行也會有所不同， 神大能的流出和大能的流入一樣重要，要讓 神的能力永遠更新地湧流在我們生命中，我們就必須在 神加給我們的同時，也樂意分享給別人，這麼一來，就會騰出空間，讓主願意賜給我們的更大祝福得以湧入。我們每一位都必須學習，讓 神的大能湧流在我們的生命中，別人沒有辦法為我們辦到。

藉由親近我們的 神並傾聽祂的聲音，我們就肯定能直接摸著祂的心意，也能夠知道祂的計畫，不但有復興我們國家的計畫，最終還有全地復興的計畫。

第三十二章

教導我們禱告

耶穌在一個地方禱告；禱告完了，有個門徒對他說：「求主教導我們禱告。」

路加福音 *11:1*

四、五年前，主給了我們的事奉一個名稱，祂告訴我們把它定名為「聚焦亞洲」，對我們而言，這個名稱再適合不過了，因為我們已經為主行遍五大洲共計六十個國家，然而我們服事的焦點經常是亞洲。全世界人口最多的兩個國家，就是中國和印度，也是位於亞洲，而我們也多次前往這兩個國家，我們深知那遼闊大地上的難題，也知道　神的應許。

然後大約一年以前，有天晚上我正講道當中，主對我說：「不但你的焦點在亞洲，我的焦點也在亞洲。」*如果我是個亞洲人*，當時我心裡想，*我一定非常高興聽到這句話*。

接下來數週的日子中，我不斷的思想為何　神提到祂的焦點在亞洲，一方面，有許多亞洲人確實過度投入為兒女們積蓄錢財的保障，另一方面，我們也親身眼見亞洲人對於福音的回應熱烈，實在遠超過世界上其它地方。為數極多的亞洲人會一群一群地出現在教會的敬拜和讀經班當中，他們會參加早堂的聚會、深夜的聚會、全天的聚會，甚至還有通宵的禱告會。

韓國信徒在禱告方面的美名激勵了全世界，那種屬靈的強度在亞洲其他國家也看得見—比如說，那些參加中國大陸家教會聚會的人們。在菲律賓，教會通常不夠大，無法容納所有來敬拜的人，所以無論日曬或下雨，聚會都只好在戶外舉行，只因百姓渴慕要聽神的話語並多所回應。在印度，我們也普遍可以看見村落的居民步行數日，只為了要參加佈道會或教導特會。

台灣是一個小島，比我們的一個州大不了多少，然而島上卻有四座「禱告山」，正如韓國相當知名的禱告山一樣。甚至於在亞洲發展最為繁榮的國家，像是新加坡及馬來西亞，也有極大群的基督徒人口，無論何時何地舉辦特會，都會有相當的人數參加。這樣看來，主疼愛亞洲的百姓還有什麼好奇怪的嗎？

亞洲國家在工業及經濟發展上仿效西方世界的同時，西方國家也該學習亞洲國家的屬靈動力，就是藉由熱烈的禱告和火熱的敬拜而產生的動力。在西方世界的我們，對於　神恩慈憐憫的迫切需要，真是歷史上前所未有的。一切已經很明顯，這世代正迅速走向它無可避免的結局，我們一定要拿著燈並且預備油，靜心等候新郎出現迎接新婦的時候。

　　該是我們搖撼自己、脫離驕傲自滿的時刻了，也是我們該願意為復興付出代價的時候。只要我們能夠學習在生命中將　神的事擺對位置，　神就會施恩垂顧我們，正如祂這些年來垂顧亞洲的百姓一樣。

第三十三章

結語

這些事都已聽見了，總意就是：敬畏神，謹守他的誡命，這是人所當盡的本分。

傳道書 *12:13*

神無論做什麼事，都不會馬馬虎虎，當祂有所行，就必全然美善，我們也必須遵循這樣的榜樣。

從這本書中我們能得到什麼結論呢？首先我得說，這書中所提及的主的教訓都使我和我的妻子多蒙祝福。祂指教我們，即使是每天生活中最規律的例行公事，或是顯得庸俗的生活瑣事，都可以看見祂的手運行其中。我們看見了祂的信息，在速食店櫥窗的「誠徵助手」廣告中，在某人客廳窗檯擺放的「社區守望」通知中，在許多老人臉上顯出的依賴中，而他們正盼望著「車輪送餐」協會的義工前來協助。在我們每日生活裡，所接觸的每一件事當中，　神都有功課要教導我們。

但願我們都能具有更敏銳的觀察力，我們就必然能體會並感恩我們的主這樣無微不至的照顧。願我們更謹慎自己所行以及所說的一切，好讓我們在一切事上都能和我們的主保持親密的交流。

在尋求本書內容的完整意義當中，我更加徹底明瞭我們的　神是何等偉大，且讓我以這一首詩「當我思想」來表達心中對於這位偉大　神的感恩。並且在這樣的結尾中，我想獻上一個禱告，願讀了這些篇章的每一位，都能夠在其中尋見激勵與力量。

當我思想
（希伯來書12:2-3）

當我思想我　神何等偉大，
為我一切所行，
教導我以話語大能，
釋放我心靈，

當我思想我　神何等偉大，
捨命各各他，
永生得屬我們所有，
並榮耀的自由，

當我思想我　神何等偉大，
我們罪孽祂不究察，
只說：「父啊，你旨意成就」，
「這工我必做」，

當我思想我　神何等偉大，
竟取一團泥，
模我、鑄我、塑造我，
今日為主用，

當我思想我　神何等偉大，
安慰哀慟心靈，
趕逐污鬼脫離人，
教導百姓當重生，

當我思想我　神何等偉大，
竟對我說：「我需要你」，
我蒙揀選得榮耀，
又蒙祂能力覆庇，

當我思想我　神何等偉大，
為世人捨命，
我謙卑跪下敬拜祂，
確知祂說「我能行」則我必能行。

我願此生
得主看見，
我心深深感謝
能蒙祂的揀選。

為祂而活何等激勵！
又何等榮幸
得見眾聖徒天路跑盡！
我也必如此行。

到那一日我願站立
至聖寶座前，
願見天父俯首微笑，
聽祂說：「你所行甚好！」

值得一切掙扎、試煉與苦痛，
並來日何風霜，
只知我等已盡心效忠，
今得「歡喜歸家鄉」。

--耶利米

筆記欄

書名：寶座來的賞賜（Treasures from the Throne of God）

作者：耶利米牧師（Dr. Jerry Kirchner）

譯者：吳亞茵姐妹

製版：華麟實業有限公司

印刷：國廉印刷有限公司

通訊地址

Dr. Jerry Kirchner

P.O. Box 230

Akron, PA 17501

USA